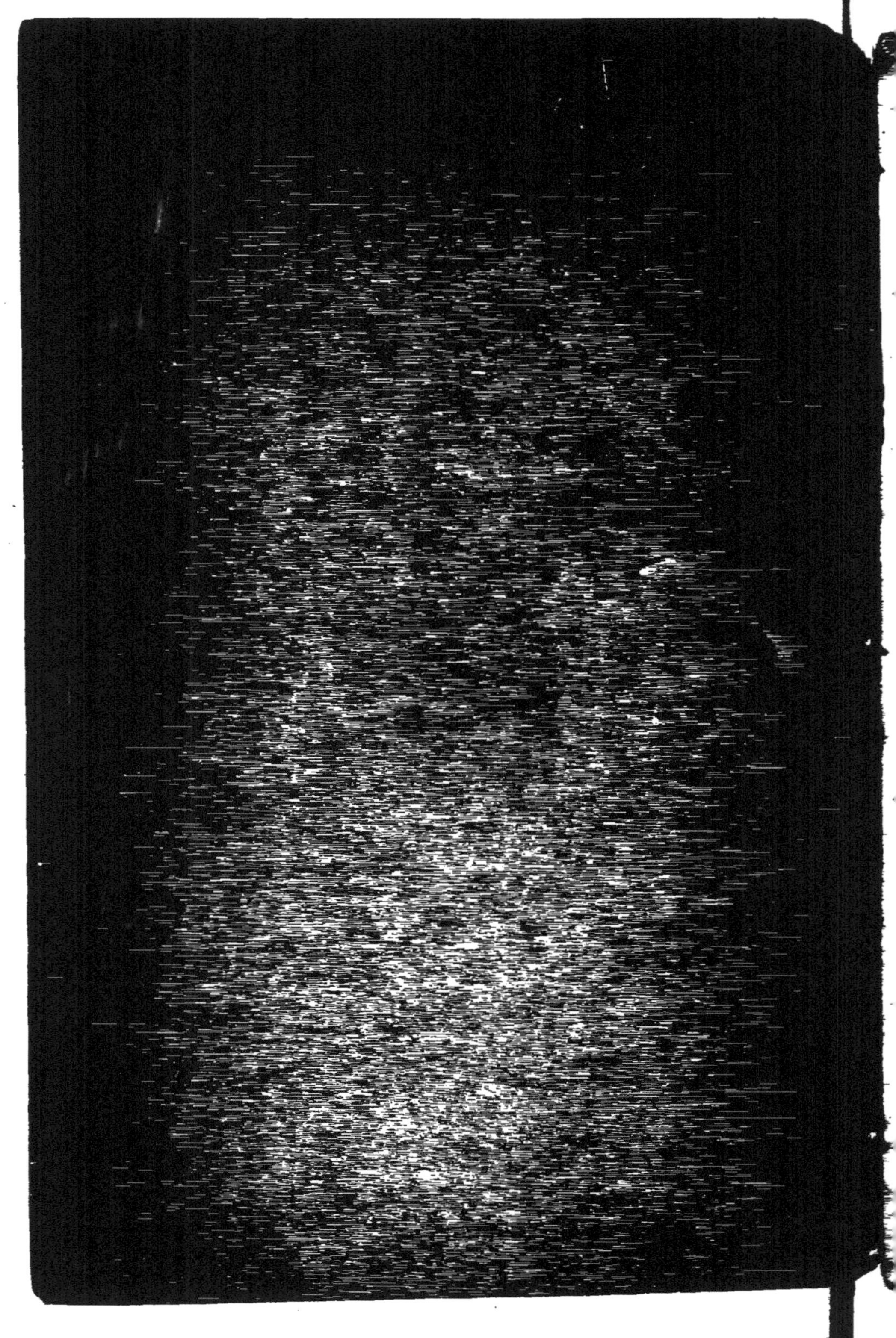

DE LA PRÉTENDUE NOBLESSE

DES

GENTILSHOMMES VERRIERS

EN LORRAINE

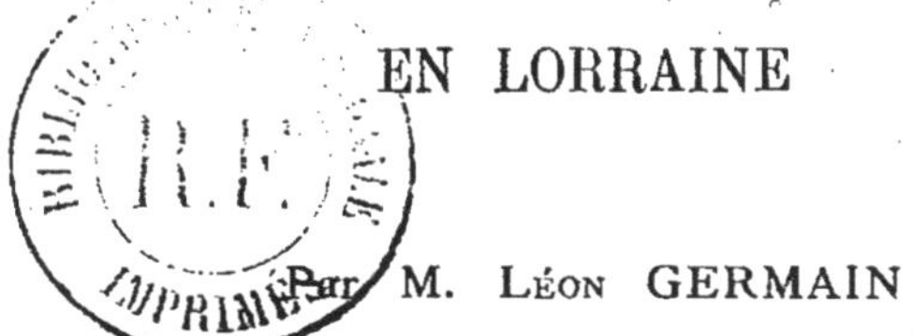

Par M. Léon GERMAIN

NANCY

TYPOGRAPHIE G. CRÉPIN-LEBLOND

Passage du Casino.

MARS 1885

DE LA PRÉTENDUE NOBLESSE

DES

GENTILSHOMMES VERRIERS

Parmi les légendes qu'il convient de détruire, on doit, ce nous semble, ranger la noblesse des gentilshommes verriers. Assimilés, sous certains rapports, au premier des ordres de l'État, et surnommés gentilshommes à cause de leurs nombreux privilèges, ces artisans fameux virent plusieurs d'entre eux se faire reconnaître pour nobles sous le règne du duc Charles III, ou obtenir, à différentes époques, des lettres d'anoblissement. Mais, relativement au principe, il y a lieu de distinguer entre la question de fait et celle de droit, et nous nous croyons fondé à soutenir que les lettres du duc Jean d'Anjou, — à la faveur desquelles de savants historiens (1) ont prétendu défendre la tradition populaire, — ne sont autre chose qu'une confirmation de privilèges de roture.

(1) V., notamment : Beaupré, *Les gentilshommes verriers ou Recherches sur l'industrie et les privilèges des verriers dans l'ancienne Lorraine, aux XV*e*, XVI*e *et XVII*e *siècles*, 2e édit. ; Nancy, Hinzelin et Cie, 1846, in-8e, 49 p.

Les passages suivants des lettres patentes du 21 juin 1448, transcrites dans la confirmation en date du 15 septembre 1469, ne laissent guère de doute à cet égard (2).

« Jean, etc. La supplication de nos améz... etc., avons oye : contenant que comme lesdits maistres et ouvriers de verre soyent, à cause de leurs mestiers, et doivent estre privilegiéz et ayent plusieurs beaux droitz, libertéz, franchises et prérogatives, et dont eux et leurs prédécesseurs ayent joui et usé de tous temps passez, et esté tenuz et reputéz en telle franchise, *comme chevaliers estimez et gens nobles dudit duchié de Lorraine...* » etc. Le régent (3) dit aussi que les solliciteurs avaient, de ces droits, franchises et privilèges, des lettres « des prédécesseurs de Monseigneur (4) et ducz de Lorraine », lesquelles avaient été brulées naguères à Darney. Il les confirme et maintient en toutes libertés et franchises, « *comme pourroyent estre et sont gens extraits de noble lignée* », et les tient francs « de toutes tailles, aydes, subsides, d'ost, de giste et de chevaulchiées » etc., etc.

Par là, les ouvriers verriers sont mis dans une posi-

(2) La *charte des verriers* a été publiée, en grande partie, dans l'ouvrage précité et dans l'*Hist. de Lorr.* de M. Aug. Digot, 1856, t. III, p. 194. V. aussi *Recherches sur l'industrie verrière en Lorraine,* par M. H. Lepage, dans les *Mémoires de la Soc. des sciences, lettres et arts de Nancy*, 1849. — Tous les solliciteurs résidaient dans la prévôté de Darney.

(3) En 1448, Jean était gouverneur du duché pour le roi René, son père ; il devint duc de Lorraine en 1453.

(4) Le roi René.

tion fort voisine de la noblesse, mais cependant bien différente; en effet, tous ces privilèges ne pouvaient passer à leurs enfants qu'à la condition que ceux-ci suivraient la profession de leurs ancêtres. Les lettres patentes ne les anoblissent ni ne les reconnaissent pour nobles; elles ne mentionnent pas une seule fois le titre de gentilhomme; seulement elles déclarent que les solliciteurs seront *estimés* comme chevaliers et gens nobles, et qu'ils jouiront de libertés et de franchises « comme pourroyent estre et sont gens nobles extraits de noble lignée ». Les verriers n'étaient donc ni nobles, ni extraits de noble lignée; s'il en eût été autrement, pourquoi les aurait-on déclarés francs de toutes tailles, aides, subsides, et autres impôts ou services dont la noblesse était de droit exempte.

Aussi, quelle différence entre ces formules et celles des vraies lettres d'anoblissement? Voici, par exemple, les termes dont se sert le duc René II, le 20 février 1488, à l'égard de son secrétaire, Chrétien de Chastenoy :

« Savoir faisons que... icelluy, ensemble toute sa postérité et lignée... *avons anobli*, et par ces présentes *anoblissons* et *nobles faisons*, et voulons que doresnavant.... soient desormais nommez, appellez, tenuz, traictez et reputez pour *nobles*, en jugement et dehors... et qu'ils puissent aussi... prendre ordre de chevalerie... » etc., etc. (1).

(1) H. Lepage, *Notice sur Jean Lud et Chrétien, secrétaires du duc de Lorraine René II*, dans les *Bull. de la Soc. d'Arch. lorr.*, 1855, p. 240, note.— Nous citons ces lettres,

Quant au titre de gentilhomme, c'est bien autre chose encore. Dans la pratique, on l'a donné à de simples privilégiés ; officiellement et en droit, avant le XVIIe siècle, ce mot, employé seul, ne devait s'appliquer qu'à deux catégories de nobles : les *gentilshommes de nom et d'armes*, dont la noblesse était immémoriale, et les *gentilshommes de quatre générations*, dont le père et la mère descendaient d'anoblis, au troisième degré, et sans qu'il y ait eu mésalliance ; encore cette dernière catégorie ne paraît-elle dater que du règne de Charles III.

« Nos maximes en Lorraine », dit Dom Pelletier, « sont que les Annoblis peuvent se faire déclarer Gentilshommes à la quatrième génération ; les Maréchaux sont les commissaires nés pour examiner et recevoir les preuves des quatres degrés paternels et maternels, et c'est sur leur rapport que le Prince accorde des lettres de Gentillesse, dont l'effet principal est de partager noblement et d'annoblir les Bâtards reconnus... On ne peut fixer une époque juste de l'usage d'élever ainsi les Nobles à la qualité de Gentilhomme ; nous n'en trouvons aucun vestige avant le règne du Duc Charles III... » (1).

Le titre de gentilhomme était conféré ou reconnu en termes précis et solennels. Rappelons les lettres

qui sont publiées, afin qu'il soit plus facile d'en consulter tout le texte ; les plus anciennes que nous ayons trouvées dans les registres de lettres patentes, celles d'Antoine Warin, du 11 septembre 1474, sont conçues dans les mêmes termes.

(1) Dom Pelletier, *Nobiliaire*, p. XV.

patentes, du 27 avril 1600, accordées aux frères Le Pois, par lesquelles le duc Charles leur donne, à eux et à leur postérité, « pouvoir, permission et licence... *soy qualifier gentilhommes*, en porter le tiltre à tous lieux et actz..., et de jouyr et user d'armes timbrées, grillées..., ensemble des libertéz, droictz et immunitéz desquelz jouyssent et ont accoustumé jouyr les *gentilhommes* et vassaulx du païs... » etc. (1).

M. Beaupré se trompe en disant : « Ce n'était pas un vain *titre* que le duc Jean conférait aux verriers, en les assimilant aux nobles de race, car, par ce seul fait, tous les privilèges attachés à l'état de noblesse leur étaient acquis de plein droit » (2). En réalité, le prince n'avait accordé aucun titre aux bénéficiaires des lettres patentes de 1448 et de 1469, et leurs privilèges restaient liés à l'exercice de leur

(1) V. notre article *Origine de la famille Le Pois*, Nancy, 1882, p. 7 (extr. du *Journal de la Soc. d'Arch. lorr.*). — La famille d'Hennezel obtint des lettres de gentillesse en 1760 ; il n'y est nullement fait mention du titre de gentilhomme verrier et de la profession à laquelle se rapportait cette appellation. Des lettres de baron, accordées en 1730, à Ch.-H. Royer de Monclot, sont le seul acte connu, portant confirmation de noblesse ou conférant un titre nobiliaire, qui rappelle la profession de verrier exercée par les ancêtres des intéressés ; mais celles-ci n'en réveillent le souvenir qu'afin d'établir la noblesse préexistante de la famille. (Ces documents et plusieurs autres que nous citons en note, nous ont été obligeamment signalés par M. H. Lepage, postérieurement à la rédaction du présent article.)

(2) Beaupré, *ibid.*, p. 17.

métier, transmissibles, à cette condition, à leurs hoirs et *successeurs* (1).

De la sorte, la situation sociale des verriers présentait de grandes analogies avec celles des bourgeois de plusieurs grandes villes de France, qui étaient plus ou moins assimilés aux nobles, mais sous condition de l'habitation légale.

Nous lisons à ce sujet dans une revue spéciale, qui a publié d'excellents articles :

« On ne doit pas confondre avec l'anoblissement proprement dit la concession de certains privilèges faite par les rois aux bourgeois de quelques villes. Les habitants de Paris, par exemple, furent autorisés successivement à porter les vêtements de chevaliers, à tenir des fiefs sans payer finance, à timbrer leurs armoiries, etc. : ils étaient ainsi assimilés en quelque sorte aux nobles sans être pourtant anoblis réellement : leurs enfants ne jouissaient en effet de ces privilèges que s'ils étaient eux-mêmes bourgeois de Paris.

» Les habitants de Bourges, de Condom, de Toulouse et de plusieurs autres villes jouissaient de pré-

(1) L'acte, en date du 30 mai 1614, dont voici le sommaire, prouve que, même à cette époque, les privilèges des *gentilshommes verriers* étaient intimement attachés à l'exercice de leur profession : « Commission au s[r] C. Rennel, conseiller et auditeur en la Chambre des Comptes de Lorraine, pour interpeller tous les gentilhommes verriers des prévostéz de Darney et Dompaire de travailler de leur art actuellement, en leurs verrières, à peine de privation de leurs privilèges et des terres et héritages à eulx concédéz en faveur de leur art. (Archives dép., B. 10,412, f° 198.)

rogatives moins étendues, mais en plusieurs points analogues à celles de la noblesse.

» Il y avait à Perpignan une catégorie de bourgeois appelés *citoyens honorés* ou *citoyens nobles*, qui étaient élus avec certaines formes, et inscrits ou immatriculés dans un registre spécial. Ces citoyens appartenaient-ils réellement à la noblesse? De vives discussions eurent lieu, au dernier siècle, sur cette question. Un arrêt du Conseil d'Etat, de 1785, justifie la prétention des citoyens nobles et assimile ceux-ci aux gentilshommes, en ordonnant qu'ils seront soumis, lors de leur élection, au droit de *Marc d'or* que payaient les anoblis en compensation des exemptions d'impôts, dont eux et leur postérité devaient bénéficier à l'avenir » (1).

On voit par là qu'il existait partout de nombreuses difficultés pour établir une délimitation entre certains bourgeois privilégiés et les nobles; il n'y a donc pas lieu d'être surpris que les verriers aient été généralement désignés par l'appellation de gentilhomme, ni que, à la longue, cette qualification populaire soit, pour ainsi dire, devenue légale. Il en advint de même pour les *gentilshommes de Laveline*, qui, selon nous, ne furent nullement anoblis, mais reçurent, avec des *armoiries de communauté*, d'importants privilèges, transmissibles à tous leurs descendants mâles et femelles.

(1) *Bulletin de la Soc. hérald. et généal. de France*, 1re année, 1879, col. 74-75.— On sait que les bourgeois de Toul prétendaient aussi être égaux à la noblesse, et qu'au siècle dernier, ils protestèrent vivement contre l'anoblissement des chanoines de la cathédrale.

M. Beaupré paraît admettre que les verriers obtinrent le droit de se qualifier *chevaliers* ; nulle part il n'est fait mention de cela. Rien d'étonnant à ce que plusieurs d'entre eux se soient fait donner ce titre par leurs ouvriers, et qu'ils l'aient parfois pris illégalement dans des actes de baptême ou de mariage ; mais M. Beaupré n'a même pas trouvé lui-même un seul exemple de ce fait, qu'il rapporte d'après M. Buirette (1). Tous les verriers qu'il cite ne prennent aucun titre, si ce n'est, en 1517, la famille Hennezel, et, en 1554, la famille Desprez, qui portent celui d'écuyer ; ces titres n'avaient sans doute nul rapport avec la profession de verrier ; ils avaient pu être acquis par lettres de noblesse spéciales, par descendance féminine d'une maison noble, ou par acquisition d'un fief (2).

Le duc Charles III paraît avoir reconnu la noblesse de plusieurs verriers, afin de restreindre, à un nombre déterminé de familles, la qualité à laquelle prétendaient tous les artisans du métier ; les expressions de *gentilhomme verrier* et de *gentilhomme de Laveline* employées dans plusieurs lettres patentes de son règne (3) ne doivent pas, du reste, être regardées

(1) *Hist. de Sainte-Menehould.*

(2) A partir de 1554, M. Lepage, *ibid.*, p. 31, cite également quelques acensements de verreries faits à des personnages qualifiés *écuyers*.

(3) La pièce dont l'Inventaire du Tr. des ch. donne l'analyse suivante prouve que cette appellation n'était pas encore admise sous le règne du duc Antoine: — 21 mars 1520. « Copie collationnée en parchemin des lettres du duc Anthoine qui permet à Didier et Claude Hennezel, frères, ver-

comme des titres nobiliaires, mais seulement comme une appellation reçue de longue date pour exprimer les privilèges considérables qui étaient particuliers aux intéressés et les rapprochaient de la noblesse (1).

riers, ouvriers du grand verre aux verreries près de Darney, et à leurs autres cinq frères d'établir une verrerie ez forestz de Darney, ban d'Arbigny, sur le rup de Senanne dessous les Cressiers, et de jouir de tous les privilèges, exemptions, franchises, etc., dont jouissent tous les autres verriers de la prévoté de Darney, moyennant un cens annuel de dix florins à la recepte de Darney, dont il les exempte pendant les trois premières années pour les aider à bâtir ladite verrerie. » Lay. Darney II, n° 17.)

L'appellation de *gentilhomme verrier* ne fut probablement admise qu'à partir des dernières années du XVIe siècle. Voici quelques analyses de l'*Inventaire sommaire des Archives de Meurthe-et-Moselle*, par M. H. Lepage, où nous l'avons remarquée :

« Réduction accordée sur le produit de l'impôt de sa verrière à Jean Thiétry, gentilhomme verrier, résidant à la verrière de St-Vaubert, à cause des pertes qu'il a supportées pendant son emprisonnement au château de Coiffy, où il était détenu par le baron de Lanques. » (B. 5088 : Compte du receveur de Darney pour 1594-1595).

« Requête des gentilhommes verriers et arrêts de la Chambre des Comptes touchant l'amodiation de l'impôt des verrières. » (B. 5094 : Acquits servant aux comptes du même, 1604-1607).

« Règlement touchant les 17 verrières érigées à l'office de Darney, contenant les privilèges des gentilhommes verriers. » (B. 5105 : Remembrement... de la... seigneurie de Darney... 1614.)

(1) Au sujet des gentilshommes de Laveline, les lettres du 3 février 1631, par lesquelles le duc Charles IV reconnut, en faveur des frères Didac et Jean-Chrétien Pierat, que les privilèges de ces *gentilshommes* étaient transmissibles aux maris de leurs filles, présentent des passages particulièrement significatifs : « ... De temps immémorial », y lit-on,

Le duc Léopold est le premier souverain qui reconnut la noblesse des familles survivantes des gentilshommes de Laveline ; encore ses lettres patentes ne furent-elles pas facilement reçues par la Cour souveraine ; mais il donna à l'une de ces familles des lettres de noblesse et des armoiries spéciales.

Nous ne nous étendrons pas sur les contestations qui eurent lieu, au XVIe siècle, touchant la prétendue noblesse des gentilshommes verriers. Ils ne pouvaient montrer aucun titre qui la leur conférât réellement, mais ils passaient aux yeux de presque tous pour en jouir de temps immémorial ; à défaut de documents, les verriers et leurs adversaires eurent recours à la Mythologie ; ils citèrent Aristote, l'empereur Théodore et les alchimistes. De tout cela, il ne pouvait rien sortir de très positif.

Les faits cités dans les pages précédentes se rap-

« certaines familles de nostre prévosté de Bruyères, ayant esté employées pour faire la garde au chasteau dudit Bruyères, lesdittes familles et les descendans d'icelles, *qualifiées gentilzhommes de Leaveline*, A CAUSE DES DROICTZ EXTRAORDINAIRES DE FRANCHISE ET EXEMPTION DONT ILS JOUISSOIENT DE TOUT TEMPS... Il a pleut à feu Sadite Altesse permettre et accorder que les maritz desdites deux filles et leurs hoirs masles descendans de leurs mariages, fussent substituéz en la famille dudit Chrestien Pierat pour, à ce moien, *estre cognuz et mis au nombre des francz appeléz les gentilzhommes de Leaveline* », etc.— Il n'est nullement parlé de noblesse ; les membres des familles en question sont simplement *qualifiés* ou *appelés* gentilshommes de Laveline, « à cause des droitz extraordinaires et exemptions dont ils jouissoient ». (*Voy.* H. Lepage, *Varin Doron et les gentilshommes de Laveline*, dans les *Mém. de la Soc. d'Arch. lor.* de 1877, p. 148, etc.)

portent aux verriers de la prévôté de Darney. Ceux de l'Argonne, qui possédaient des privilèges analogues, et prétendaient de même à la noblesse, en demandèrent la confirmation au roi Henry IV. En 1603, ce souverain déclare que les verriers de l'Argonne, *lorsqu'ils sont d'extraction noble*, peuvent continuer leur métier sans déroger ; c'était faire preuve d'habileté et de finesse : en donnant satisfaction, pour le présent, à bon nombre de ces artisans, le roi ne mettait nullement un terme à l'état précaire de leur situation, vu les difficultés que devait provoquer la constatation de leur extraction noble. Le duc Charles III paraît avoir suivi l'exemple du roi de France en confirmant, l'année suivante, les privilèges de ceux de ses sujets qui exerçaient la même profession ; le titre de *gentilshommes verriers*, qu'il laissa inscrire dans les lettres patentes, n'avait rien de fort compromettant ; ceux de *nobles hommes* ou *écuyers* seraient autrement significatifs.

Ce qui eut lieu en Lorraine et dans l'Argonne à propos des verriers, se répéta probablement partout en France. Ainsi, dans la revue héraldique que nous avons déjà citée, nous lisons :

« La dérogeance faisait perdre la noblesse au gentilhomme qui exerçait certaines professions réputées incompatibles avec sa qualité » ; et, parmi ces professions, l'auteur cite « les arts mécaniques à l'exception de la verrerie — *qui n'anoblissait pas comme on l'a dit par erreur*, mais qui n'entraînait pas la dérogeance — » etc. (1).

(1) *Bull. de la Soc. hér. et généal. de Fr.*, t. 1., col. 202.

Nous terminerons par une remarque qu'il importe de faire dans cet article, bien qu'elle ne se rattache pas directement à son objet : des fautes de ponctuation dénaturent la liste des verriers cités au commencement et à la fin des lettres patentes de 1448. Voici ces deux nomenclatures, telles que les rapporte M. Beaupré.

Au début de l'acte : « Pierre Brysonale filz de Jehan Brisonale, Henry filz, Nycholas Mengin, Jacob Guillaume du Tyson (*alias* du Tysal), et Jehan son filz,... Jean Hendel (*alias* Henezel). »

A la fin : » Guillaume du Tyson, Jehan son filz, Colin filz, Nycholas et Henry son frère,... Mengin Jacob, Henry son filz,... Jehan Henezel,... Claude, filz de Pierre Bysenale, et Chelizot, son paraistre (1) ».

Des virgules mal placées amènent, dans ces deux listes, des contradictions et de graves erreurs. Les noms de ces différentes personnes nous paraissent devoir être ainsi rétablis :

Jehan Brisonale, Brysonale ou Bysenale.

Pierre, fils dudit Jehan.

Claude, fils dudit Pierre.

Chelizot, parâtre dudit Claude (2).

(1) *Parâtre,* beau-père (second mari de la mère). — M. Digot a reproduit seulement la première des deux nomenclatures, en plaçant les virgules de la même manière défectueuse.

(2) Il faut admettre que Pierre avait pris part à la supplique, mais que, entre la rédaction de cette supplique et l'octroi des lettres de 1448, il s'était écoulé un certain temps, pendant lequel avait eu lieu son décès et le remariage de sa veuve avec Chelizot.

Nicholas.
Henry, fils dudit Nicholas.
Colin, frère dudit Henry.
Mengin Jacob, ou peut-être Mengin et Jacob.
Henry, fils dudit Jacob.
Guillaume du Tyson.
Jehan, fils dudit Guillaume.
Jehan Hendel *ou* Henezel (Hennezel).

Disons, pour conclure, que si, à partir du XVIe siècle, de nombreux gentilshommes verriers furent admis à compter parmi la noblesse, les prétentions que tous rattachaient aux immunités de leur état ne se fondaient sur aucun document.

La *charte* de 1448 leur confirma de très importants privilèges qui les assimilaient sensiblement aux anoblis, mais ces privilèges demeuraient attachés à l'exercice de leur profession. Quant à la qualification de *gentilhomme*, toujours suivie du mot *verrier*, qui en déterminait le sens, elle avait été créée par la voix populaire pour les besoins de la cause, et finit par être légalement reconnue, sans d'ailleurs qu'on pût lui attacher, dans cette acception, une réelle signification nobiliaire.

www.ingramcontent.com/pod-product-compliance
Ingram Content Group UK Ltd.
Pitfield, Milton Keynes, MK11 3LW, UK
UKHW022156260726
13993UKWH00005B/2408